글 린다 엘로비츠 마셜

스무 권이 넘는 책을 쓰고 여러 상을 받은 어린이책 작가입니다. 유아교육과 인류학을 공부하고, 서점을 운영하기도 했어요.
바이러스, 백신, 화학, 방사능과 같은 복잡한 주제를 독자에게 이해하기 쉽게 전달하는 걸 좋아해요.
글을 쓴 그림책으로 《시골은 시골로 남겨 둬야 해》, 《안네 프랑크》 등이 있어요.

그림 안나 발부소, 엘레나 발부소

'발부소 쌍둥이'라고 알려진 쌍둥이 예술가 팀입니다.
오십 권이 넘는 책에 그림을 그렸고, 2022년에 볼로냐 라가치상을 수상했어요.
그린 책 중 《지구와 친구 하기》가 우리나라에 출간되었습니다.

옮김 정영임

두 아이의 엄마가 되어 아이들과 함께 책을 읽으며 행복했습니다.
그 마음을 이어 나가고자 한겨레교육문화센터에서 어린이책 번역 과정을 마치고, 어린이·청소년 책을 우리말로 옮기고 있습니다.
옮긴 책으로는 《엄마! 엄마!》, 《캐서린은 어떻게 아폴로 13호를 구했을까?》가 있습니다.

가브리엘, 나오미, 줄리아, 아비가일, 라이라, 탈리아, 리아, 노아, 바루크, 에즈라, 오를리, 엘리, 데이비드, 사라이에게
가족은 큰 힘이 되어 주니까요!
– 린다 엘로비츠 마셜

이 책을 사랑하는 부모님에게 바칩니다.
무한한 사랑으로 하늘에서 우리를 지켜보고 계신 어머니 알베르티나와 아버지 엔니오에게.
– 안나 발부소, 엘레나 발부소

똑똑한 책꽂이 37

마리 퀴리, 대단한 과학자도 도움이 필요해

1판 1쇄 발행 2024년 5월 3일
글 린다 엘로비츠 마셜 | 그림 안나 발부소, 엘레나 발부소 | 옮김 정영임
펴낸이 김상일 | 펴낸곳 도서출판 키다리
편집주간 위정은 | 편집 이신아 | 디자인 이기쁨 | 마케팅 백민열, 장현아 | 관리 김영숙
출판등록 2004년 11월 3일 제406-2010-000095호
제조국 대한민국 | 사용연령 5세 이상
주소 경기도 파주시 심학산로 10 | 전화 031-955-9860(대표), 031-955-9861(편집) | 팩스 031-624-1601
이메일 kidaribook@naver.com | 블로그 blog.naver.com/kidaribook
ISBN 979-11-5785-698-5 (77400)

SISTERS IN SCIENCE by Linda Elovitz Marshall, illustrated by Anna Balbusso, Elena Balbusso
Text copyright © 2023 by Linda Elovitz Marshall
Jacket art and interior illustrations copyright © 2023 by Anna and Elena Balbusso
Inspired by Natacha Henry's Work Marie et Bronia: Le pacte des sœurs © Albin Michel, France, 2017.
All rights reserved including the right of reproduction in whole or in part in any form.
This Korean edition was published by KIDARI Publishing Co. in 2024 by arrangement with
Random House Children's Books, a division of Penguin Random House LLC through KCC(Korea Copyright Center Inc.), Seoul.

· 이 책은 (주)한국저작권센터(KCC)를 통한 저작권자와의 독점계약으로 도서출판 키다리에서 출간되었습니다.
· 저작권법에 의해 한국 내에서 보호를 받는 저작물이므로 무단전재와 복제를 금합니다.
· 잘못된 책은 구매하신 곳에서 교환할 수 있습니다.

마리와 브로니아의 꿈을 향한 약속

마리 퀴리,
대단한 과학자도 도움이 필요해

린다 엘로비츠 마셜 글 | 안나 발부소, 엘레나 발부소 그림 | 정영임 옮김

킨더리

마리와 언니 브로니아는 폴란드 바르샤바에서 가족들과 화목하게 살았어요.
부모님은 모두 선생님이었어요. 집 안에는 음악이 울려 퍼지고,
책들이 가득했어요. 가족들은 과학에 관한 이야기를 많이 나누었지요.
그러던 어느 날, 평범한 일상이 무너졌어요.

엄마와 조시아 언니가 병에 걸려 그만 짧은 생을 마감하고 말았거든요.
마리와 브로니아는 슬픔에 빠졌지만, 다른 사람들을 도우며 살기로 굳게 마음먹었어요.
브로니아는 의사가 되기로 결심했어요. 마리는 연구원이 되고 싶었어요.
하지만 바르샤바에서 여자들은 대학에 입학할 수 없었어요.
그래서 마리와 브로니아는 학교에 다니지 않고 스스로 공부했어요.

비밀 학교가 열리기 전까지는 말이죠!
마리와 브로니아를 비롯한 폴란드 여학생 수천 명이
가정집에서 과학, 수학, 예술을 배웠어요.
들키지 않으려고 수업 장소를 이 집 저 집 자주 옮겨 다녔어요.
머지않아 비밀 학교는 별명이 생겼어요. 그 이름은 '떠돌이 대학'이었답니다.

마리와 브로니아가 꿈을 이루려면 정식 대학교에서 공부를 마쳐야만 했어요.
그중 프랑스 파리의 소르본 대학교는 여자도 입학할 수 있었어요.
하지만 넉넉지 않은 형편에 어떻게 두 사람의 대학 등록금을 낼 수 있을까요?
마리와 브로니아는 머리를 맞댔어요.
브로니아가 먼저 소르본 대학교에서 공부하는 동안
마리는 가정교사로 일하며 언니의 등록금을 내는 거예요.
브로니아가 대학 공부를 마치면 둘은 역할을 바꿔
마리가 대학교에 다니고, 브로니아가 등록금을 내는 거죠.
마리와 브로니아는 그렇게 하기로 굳게 약속했어요!

브로니아는 의사가 되기 위해 파리에 있는 소르본 대학교에서 열심히 공부했어요.

마리는 폴란드 시골에서 부유한 가정의 아이들을 가르치는 가정교사가 됐어요.
사실 (쉬잇, 이건 비밀인데요) 가난한 농부의 아이들을 가르치는 일은 금지됐지만,
마리는 그 아이들에게도 글을 읽고 쓰는 법을 가르쳤답니다.

마리와 브로니아의 꿈을 향한 약속

마리 퀴리,
대단한 과학자도 도움이 필요해

린다 엘로비츠 마셜 글 | 안나 발부소, 엘레나 발부소 그림 | 정영임 옮김

킨더리

브로니아가 대학을 졸업하자, 이제 마리가 대학에 갈 차례가 됐어요!
하지만 마리는 소르본 대학교에서 공부하고 싶은 마음이 점점 사라졌어요.
대신 폴란드에서 가족하고 친구들과 함께 지내고 싶었어요.
하지만 브로니아처럼 동생을 아끼는 언니가 동생과의 약속을 잊을 리 없죠.
바르샤바로 돌아온 브로니아는 마리에게 서로의 꿈과 약속,
그리고 함께 세웠던 모든 계획들을 일깨워 줬어요.
그러자 마리는 기꺼이 자신의 꿈을 향해 떠났어요.

마리는 파리에서의 생활이 무척 만족스러웠어요.
혼자만의 공간을 갖게 된 마리는 이른 아침부터 늦은 밤까지
물리학, 화학, 수학 공부에 매달렸어요.
마리가 파고든 건 아주 작아 눈에 보이지 않지만, 모든 물질을 이루는
가장 작은 단위인 **원자**였어요. 여기서 모든 물질이란 나무, 별, 물,
그리고 우리 몸까지도 말해요.

마리는 거의 모든 물질은 두 종류 이상의 원자로 구성되어 있고, 헬륨이나 금, 산소 같은 물질들은 한 가지 원자로만 이루어져 있다는 걸 알게 되었어요. 이렇게 순수한 물질을 원소라고 해요.
마리는 끊임없이 많은 걸 배웠고, 배우는 걸 무척 좋아했어요!

대학을 졸업한 뒤에도 마리는 계속해서 화학을 연구했어요.

연구에 필요한 실험을 하려면 좀 더 넓은 공간이 필요했지요.

브로니아는 마리에게 피에르 퀴리를 소개해 주기로 했어요.

과학자인 피에르는 마리가 실험에 유용하게 쓸 수 있는 측정 기구들을 만들었어요.

게다가 피에르의 실험실에는 여유 공간도 있었어요.

피에르와 마리가 드디어 만났어요.

머지않아 피에르는 마리를 아내로 맞이하고 싶어 했어요.

하지만 마리는 이미 폴란드에 있는 아버지에게 돌아가겠다고 약속을 한 상태였어요.

그러니 어떻게 마리가 피에르랑 결혼해서 프랑스에서 살 수 있겠어요?

하지만 어떻게 마리가 피에르를 떠날 수 있겠어요?
마리와 피에르는 사랑에 빠졌어요.
해결책을 찾은 건 브로니아와 브로니아의 남편이었어요.
의사에다가 폴란드 출신인 두 사람은 폴란드로 돌아가 아버지 곁에 머물며
그곳에서 병원을 열기로 했어요.

마침내 마리와 피에르는 결혼했어요.
함께 자전거 페달을 밟으며 신혼여행을 떠났어요!

실험실로 돌아온 마리는 계속 연구에 매달렸어요.
마리는 과학자 앙리 베크렐이 쓴 우라늄이라는 원소에 관한
연구서를 읽었어요. 베크렐은 빛이 닿으면 이미지가 보이는
유리판 위에 우라늄 조각을 올려 두고 깜깜한 서랍 안에 보관했는데,
며칠 뒤 유리판에서 반짝이는 빛을 발견했어요.
그 빛은 **방사선** 때문에 나타난 것이었어요. 방사선은 우라늄이
뿜어내는 빛 에너지를 말해요. 방사선에 마음이 사로잡힌 마리는
방사선을 뿜어내는 또 다른 원소들을 찾기 시작했어요.
마리는 곧 토륨이라는 원소에서 나오는 방사선을 찾아냈어요.
소르본 대학교에서 학생들을 가르치던 피에르도
마리와 함께 연구를 시작했지요.

연구를 거듭하면서 마리와 피에르는 궁금증이 생겼어요.
방사선은 무엇 때문에 생기는 것일까?
우라늄과 토륨 안에서는 무슨 일이 일어나고 있는 걸까?
우라늄과 토륨의 원자는 쪼개지면서 에너지를 낼 수 있는 걸까?
그게 가능한 걸까?

네, 가능해요!
마리 퀴리는 원자가 쪼개지면서 빛 에너지를 내보내는 과정에
이름을 붙였어요. **방사능**이라고요!
마리 퀴리와 피에르 퀴리 그리고 앙리 베크렐은
방사능이 어떻게 일어나는지 밝혀냈어요!

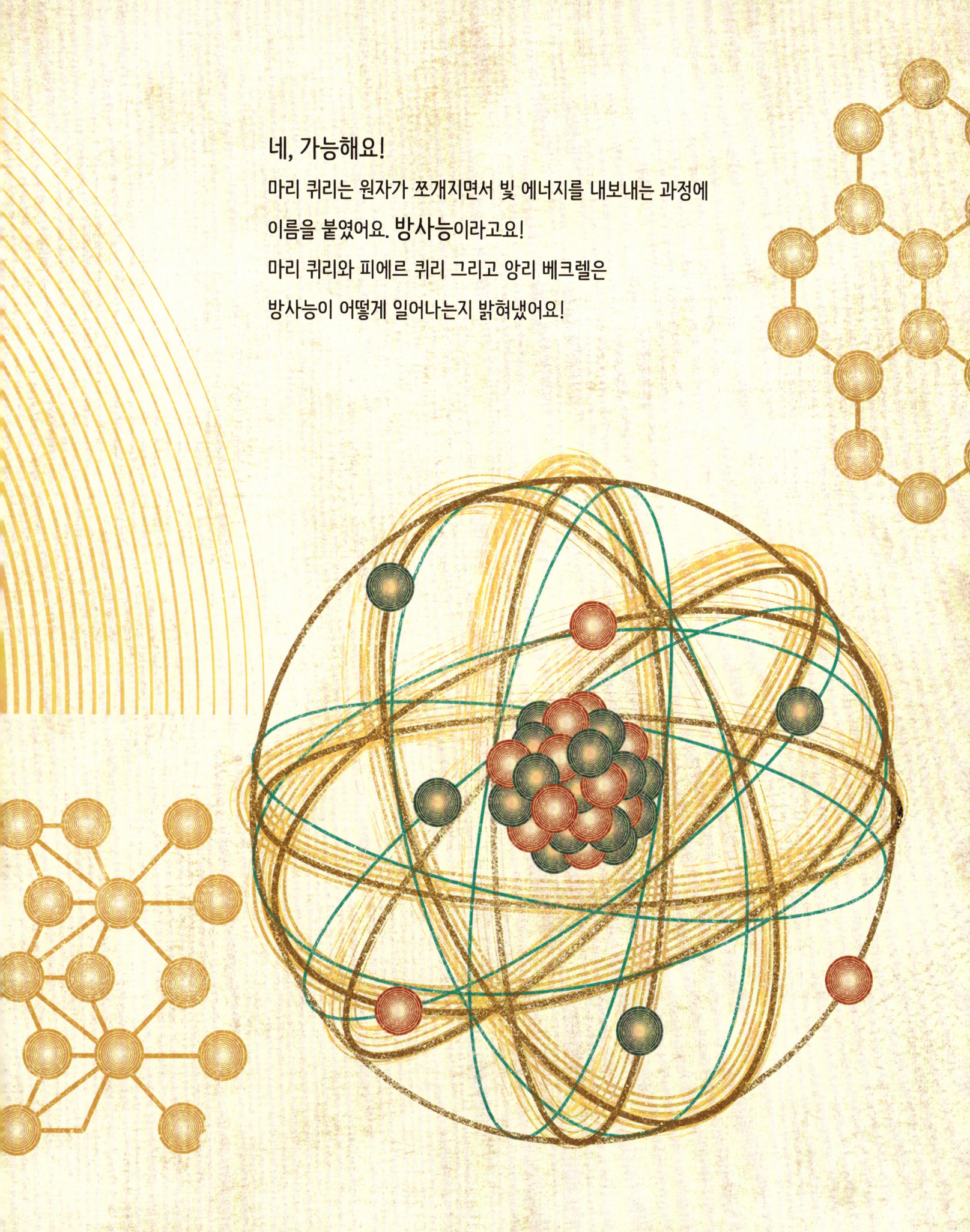

마리와 피에르는 방사능을 가진 물질을 더 찾기 위해
어두운색의 매끈한 돌덩이, 우라니나이트에 대해 연구하기로 했어요.
우선 두 사람은 우라니나이트를 아주 잘게 부쉈어요. 그리고 오랫동안 끓여서 졸아들게 했어요.
수년 동안, 이 고된 작업을 했어요. 마침내 우라니나이트 속에서
이전에는 알려지지 않았던 두 가지 원소를 발견했어요!
첫 번째로 발견한 원소는 마리의 고향인 폴란드를 따서 폴로늄(원소기호 Po)이라고 이름을 붙였어요.
두 번째 원소는 빛을 뜻하는 라틴어 라디우스를 따서 라듐(원소기호 Ra)이라고 이름을 붙였어요.
퀴리 부부는 이 사실을 브로니아에게 서둘러 알렸어요!

이후 마리 퀴리, 피에르 퀴리, 앙리 베크렐은 방사능 연구로 노벨 물리학상을 받았어요.
마리 퀴리가 여성 최초로 노벨상을 받은 거예요.
마리와 피에르는 노벨상의 상금 일부를 브로니아의 병원에 기부했어요.

하지만 또 한 번 평범한 일상이 무너지고 말았어요.
피에르가 갑자기 세상을 떠나고 말았거든요.
브로니아가 폴란드에서 황급히 달려와 슬퍼하는 마리를 위로했어요.
그리고 피에르가 맡았던 수업을 마리가 이어 갈 수 있도록 도왔어요.
소르본 대학교 650년 역사상 여성이 교수가 된 건 마리 퀴리가 최초였어요!
게다가 두 가지 원소, 폴로늄과 라듐의 첫 발견으로 마리는 두 번째 노벨상을 받게 되었어요. 이번 노벨상은 화학 분야에서 받은 상이었어요.

얼마 지나지 않아 전쟁이 일어났어요.
마리는 프랑스에서 건전지로 작동되는 이동식 엑스레이 장치를 개발했어요.
그리고 그 장치를 트럭에 달고 직접 전쟁터로 향했어요. 그곳에서 의사들은 엑스레이 장치 덕분에 백만 명 넘는 군인들의 몸에 박힌 총알을 정확히 찾아내 치료할 수 있었어요.

폴란드에서는 브로니아 부부가 운영하는 병원에서 많은 군인이 치료받았어요.

전쟁이 끝나고 드디어 평화가 찾아왔어요.
마침내 자매가 다시 만날 수 있게 됐어요.
마리는 파리에 라듐 연구소를 세웠어요. 현재는 퀴리 연구소라고 불리는
이곳에서는 암에 걸린 사람을 치료하고, 연구와 의료 교육도 해요.
마리는 고향인 바르샤바에도 두 번째 라듐 연구소를 세웠어요.
이곳은 브로니아가 맡았어요.
마리와 브로니아는 서로의 꿈을 이루기 위해 약속하고, 평생 그 약속을 지켰어요.
그리고 질병을 진단하고, 치료하는 데 커다란 토대를 마련했어요.
둘은 세계에 과학의 힘을 보여 준 가장 훌륭한 본보기가 되었어요.
서로 똘똘 뭉쳐 자매의 저력을 보여 준 것입니다.

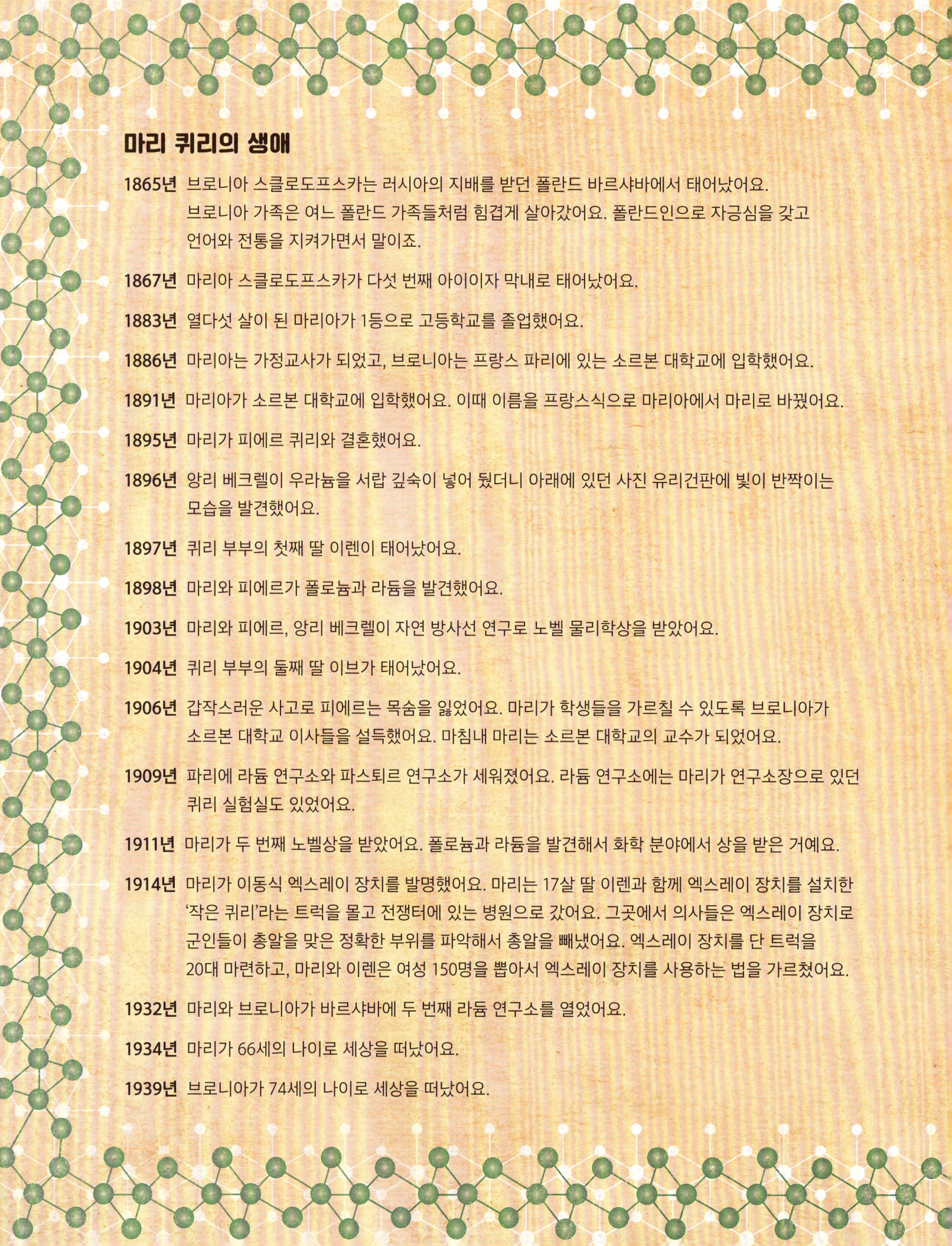

마리 퀴리의 생애

1865년 브로니아 스클로도프스카는 러시아의 지배를 받던 폴란드 바르샤바에서 태어났어요. 브로니아 가족은 여느 폴란드 가족들처럼 힘겹게 살아갔어요. 폴란드인으로 자긍심을 갖고 언어와 전통을 지켜가면서 말이죠.

1867년 마리아 스클로도프스카가 다섯 번째 아이이자 막내로 태어났어요.

1883년 열다섯 살이 된 마리아가 1등으로 고등학교를 졸업했어요.

1886년 마리아는 가정교사가 되었고, 브로니아는 프랑스 파리에 있는 소르본 대학교에 입학했어요.

1891년 마리아가 소르본 대학교에 입학했어요. 이때 이름을 프랑스식으로 마리아에서 마리로 바꿨어요.

1895년 마리가 피에르 퀴리와 결혼했어요.

1896년 앙리 베크렐이 우라늄을 서랍 깊숙이 넣어 뒀더니 아래에 있던 사진 유리건판에 빛이 반짝이는 모습을 발견했어요.

1897년 퀴리 부부의 첫째 딸 이렌이 태어났어요.

1898년 마리와 피에르가 폴로늄과 라듐을 발견했어요.

1903년 마리와 피에르, 앙리 베크렐이 자연 방사선 연구로 노벨 물리학상을 받았어요.

1904년 퀴리 부부의 둘째 딸 이브가 태어났어요.

1906년 갑작스러운 사고로 피에르는 목숨을 잃었어요. 마리가 학생들을 가르칠 수 있도록 브로니아가 소르본 대학교 이사들을 설득했어요. 마침내 마리는 소르본 대학교의 교수가 되었어요.

1909년 파리에 라듐 연구소와 파스퇴르 연구소가 세워졌어요. 라듐 연구소에는 마리가 연구소장으로 있던 퀴리 실험실도 있었어요.

1911년 마리가 두 번째 노벨상을 받았어요. 폴로늄과 라듐을 발견해서 화학 분야에서 상을 받은 거예요.

1914년 마리가 이동식 엑스레이 장치를 발명했어요. 마리는 17살 딸 이렌과 함께 엑스레이 장치를 설치한 '작은 퀴리'라는 트럭을 몰고 전쟁터에 있는 병원으로 갔어요. 그곳에서 의사들은 엑스레이 장치로 군인들이 총알을 맞은 정확한 부위를 파악해서 총알을 빼냈어요. 엑스레이 장치를 단 트럭을 20대 마련하고, 마리와 이렌은 여성 150명을 뽑아서 엑스레이 장치를 사용하는 법을 가르쳤어요.

1932년 마리와 브로니아가 바르샤바에 두 번째 라듐 연구소를 열었어요.

1934년 마리가 66세의 나이로 세상을 떠났어요.

1939년 브로니아가 74세의 나이로 세상을 떠났어요.

작가의 말

제가 어린이들을 위해 글을 쓰기 시작한 건
어찌 보면 마리 퀴리 때문이라고 할 수 있어요.
저는 대학원에서 인류학 박사 과정을 밟고 있었어요.
그런데 어느 날 엑스레이 검사에서 암이 발견되는 바람에 공부를 그만두었지요.
치료 방법 중에는 마리 퀴리가 오래전에 했던 연구에 기초한 것도 있었어요.
치료가 성공적으로 끝나고 나서 저는 어린이 교육에 점점 깊이 빠져들게 됐어요.
그래서 아이들을 위해 본격적으로 글을 쓰기 시작했어요.
저를 비롯해 수많은 사람이 마리 퀴리 덕분에 더 나은 삶을 살 수 있게 됐어요.
퀴리 부부의 연구는 우리가 방사능과 방사선을 쉽게 이해하는 기반이 되었으니까요.
원자력 발전과 암 치료, 원자력을 동력으로 하는 잠수함과 우주선,
그리고 우리 생활에서 쓰이는 많은 것들이
마리와 피에르의 획기적인 연구에서 영향을 받은 거예요.
그래서 제 친구 나타샤 헨리에게 마리와 브로니아가 맺은
약속에 관한 이야기를 듣는 순간,
둘의 각별했던 자매애를 어린이들에게 꼭 전해야겠다고 마음먹었어요.
절 이끌어주고, 함께 조사하고, 원고를 거듭해서 읽어 준 친구 나타샤에게 감사해요.
함께 또는 각자의 방식대로 노력하는 세계 곳곳의 자매들이
이 세상을 더 나은 곳으로 만들어 주길 바랍니다.

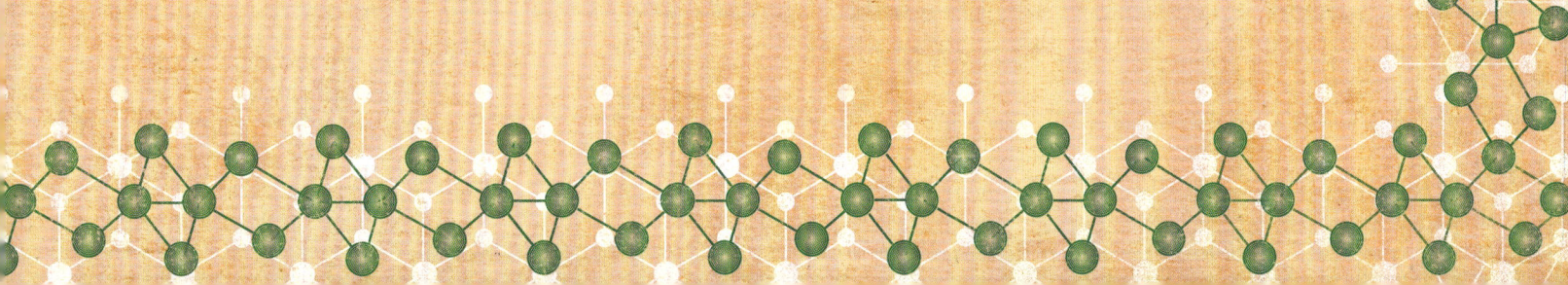